Noha Baz

Le Zaatar
une histoire Levantine

Texte et recettes : Noha Baz
Illustration : Florence Cointreau

les petits soleils

Je dédie ces quelques lignes à tous les levantins en exil, qu'une simple bouchée de Zaatar ramène tous les jours à leurs racines.

Je le dédie aussi
À Lila et Thomas,
À Livia et Gabriel.

Avec tout mon amour.

Gloire des petits déjeuners libanais
Dans tout le levant savouré,
Régal des goûters
Fer de lance de la créativité
Quelque soit l'heure de la journée impossible de lui résister
Simplement de Zaatar et d'huile d'olive arrosée
Garni de miel, de feuilles de menthe, de graines de Grenade
et de fruits il se prête à toutes les fantaisies.
Tout simplement en « Arouss » roulé délice sensuellement
velouté dans du pain « markouk » dégusté
Et c'est tout le Liban qui vient à vous en une bouchée.

Le Zaatar est un mélange d'épices et d'herbes aromatiques très populaire au Moyen-Orient, particulièrement au Liban, en Syrie, en Jordanie, et en Palestine. Son histoire remonte à des milliers d'années et il est profondément enraciné dans la culture et la cuisine de cette région.

Mentionné depuis la nuit des temps dans l'histoire de l'humanité, dans la Bible et certains traités de médecine il est depuis l'Antiquité, utilisé comme aliment "fortifiant" et protecteur.

Booster de l'immunité grâce à l'action des terpènes qui se trouvent dans l'origan et de la composition nutritionnelle très riche du sumac qui contient tanins, flavonoïdes, anthocyanine, acide gallique, acides gras, minéraux (potassium, sodium, magnésium, calcium, fer, cuivre, zinc, manganèse et phosphore) et vitamines B, C et PP.

Rajoutez à cela l'importance de la richesse en minéraux du sésame : calcium, phosphore, magnésium, fer et zinc.

Il ne faut donc pas s'étonner lorsque la science prête au Zaatar nombre d'effets thérapeutiques : antalgiques, anti-inflammatoires, antispasmodiques, anxiolytiques, sédatifs, anti bactériens et antifongiques.

Origine et Composition

Il existe neuf variétés de plantes répondant au vocable « zaatar » au Levant et en particulier au Liban : De l'hysope à la marjolaine, en passant par la sarriette, le serpolet ainsi que plusieurs variétés d'origan.

Dans cette région du monde le terme "Zaatar" fait aussi référence à une herbe spécifique,"l'origanum syriacum", variété d'origan.

Sur les collines qui longent la Mer, plus loin dans les Terres, la beauté de ses bouquets toujours de petites fleurs accompagnées, son parfum, son goût, son velouté et son petit croquant lorsque vous le dégustez. L'origanum syriacum est déjà seul un régal et un trésor de bienfaits.

Consommé tel quel en salade, simplement arrosé d'huile d'olive, agrémenté de rondelles d'oignon et de tomates.

Les bouquets de Zaatar vert sont ensuite séchés tiges, feuilles et sommités pendant plusieurs semaines.

Ce sont les feuilles de l'origanum syriacum qui seront réduites en poudre à l'aide d'un pilon en bois. La poudre est ensuite tamisée pour n'en garder que la partie la plus fine qui servira à l'assemblage final du Zaatar, mélangée à des graines de sésame torréfiées et à du sumac.

Ce qui peut paraître étonnant est que le même mot est utilisé également pour désigner le "mélange de Zaatar", composé lui de feuilles d'origan séchées, de sumac et de graines de sésame grillées.

Au-delà de son utilisation culinaire, il faut souligner sa dimension symbolique dans la culture Moyen-orientale, intimement associé à la terre et à l'identité nationale.
Pilier du patrimoine culinaire du Levant, le Zaatar est devenu symbole de résilience au Liban mais également en Syrie et en Palestine.
 Aujourd'hui, il gagne en popularité partout dans le monde.
En cuisine, le Zaatar peut être utilisé de dizaines de façons et rehausse agréablement variétés de plats. Quelques pincées du condiment sur de simples œufs au plat et les papilles sont
à la fête !
Dans cet ouvrage, j'ai mis au point plusieurs nouvelles recettes pour faciliter encore plus son utilisation quotidienne, gréablement surprise a chaque fois de découvrir de nouvelles possibilités.
Le glaçage d'un gâteau au chocolat prend ainsi des goûts délicieusement acidulés avec une petite cuillère de café de Zaatar.
Le simple granola du petit déjeuner se transforme subitement en une bombe de saveurs.
Indissociable de mes racines ce condiment m'a nourrie depuis ma plus petite enfance. Mon père nous rappelait tous les matins au petit déjeuner qu'il "nous ouvrait l'esprit". J'ai beaucoup de plaisir aujourd'hui à le transporter et à le fait connaître partout à travers le monde.

Zaatar : l'âme du Levant

Trois recettes pour trois pays

La recette du mélange du Zaatar varie d'une région à l'autre, souvent d'une famille à l'autre lorsqu'il est fait maison. Confectionné de façon classique au Liban avec ses trois ingrédients de base que sont l'origan, le sumac et le sésame, il sera plus vert en Jordanie, plus rouge en Syrie, à Alep en particulier, où sa recette bien plus complexe est agrémentée d'un mélange d'épices et de mélasse de grenade.

Les diverses recettes du Zaatar

Au Liban vous trouverez une recette traditionnelle de Zaatar avec quelques variantes : celle par exemple des montagnes du Chouf où des sommités fleuries d'origan, des pignons de cèdre ainsi qu'un peu d'huile d'olive sont rajoutés au mélange classique pour donner à l'arrivée un goût plus intense et une meilleure conservation des arômes.

Zaatar Libanais Classique

Pour 500 G de Zaatar

A cette base simple, suivant le degré de torréfaction du sésame et la teneur en sel, il y aura quelques légères variations de nuances et de goûts.

Vous trouverez également aujourd'hui avec l'inventivité de divers entrepreneurs quelques nouvelles versions qui contiennent graines de tournesol, de courge, des baies de goji ainsi que divers fruits secs. Rien ne vous empêche de les rajouter vous-même à la recette de base.

A chacun ses goûts et ses bonheurs !

Ingrédients

200 G **GRAINES DE SÉSAME DORÉ**
250 G **FEUILLES D'ORIGAN SÉCHÉES PILLÉES**
80 MG **SUMAC MOULU**
1 **CUILLÈRE À CAFÉ DE SEL FIN**

Préparation

1. Torréfiez les graines de sésame à votre goût, laissez-les refroidir.

2. Tamisez les feuilles moulues d'origanum syriacum pour en enlever toute brindille ou toute impureté.

3. Dans un grand bol déposez les feuilles moulues et tamisées, le sumac et rajoutez les graines de sésame torréfiées en les mélangeant bien.

4. Rajoutez le sel à votre goût et répartissez dans des bocaux hermétiques.

Le mélange se conserve une année.

La recette du Zaatar d'Alep

À la maison il a toujours été très riche en pistaches écalées, torréfiées et généreusement relevé de mélasse de grenade. J'ai choisi pour l'introduire ce texte écrit par Jacky Durand décrivant la Nuit de la Pistache paru dans le quotidien Libération le 9 juillet 2021.

« Il est un chant que l'on espère entendre car toutes celles et ceux qui l'ont connu en parlent comme d'une pépite enchâssée dans leurs souvenirs : celui du pistachier quand ses fruits s'ouvrent. On donnerait une vie pour entendre ce bruit-là...

Le pistachier fait entendre sa petite musique depuis des millénaires et des femmes et des hommes continuent de colporter sa voix. Comme Noha Baz dans la Nuit de la pistache, Alep, souvenirs et gourmandises. Médecin pédiatre, cuisinière compulsive, auteure d'une thèse sur la Transmission du goût aux enfants, elle partage son quotidien entre Paris et Beyrouth où elle soigne les enfants les plus pauvres dans le cadre de son association les Petits Soleils. Et la pistache, comme le zaatar, ce mélange d'épices, âme de la cuisine levantine qu'elle avait déjà raconté dans Libération, est le fruit de sa mémoire : nous sommes une nuit de septembre 1967, quelque part au nord-est d'Alep, en Syrie, au milieu des champs de pistachiers. Elle écrit :

« Assise à l'arrière de la Chevrolet, j'observais la pleine lune qui infusait le paysage, mettant en relief les grappes roses des pistaches blotties dans leurs coques.»

Nous sommes restés deux heures durant assis en plein champ, baignés de parfums et de douceur.

En écoutant le silence, nous pouvions percevoir de petits "clic", "clic" cadencés. Les fruits signalaient leur arrivée à maturité en musique, faisant éclater leur jolie coque rose. Symphonie inoubliable d'un orchestre invisible. [...] Mon père m'expliqua que ce phénomène durait seulement une à deux nuits et que ce chant donnait le signal de la cueillette. Il conclut son discours en me disant : « Cette terre est riche et belle, essaie d'en garder toujours le meilleur. » La nuit de la pistache est restée intacte dans ma mémoire, accolée aux berceuses de mon père qui parlaient de gazelle, de prairies et de soleil. »

Zaatar d'Alep de mon père

Appelé également quelquefois le Zaatar rouge, sa base reste les feuilles séchées d'origanum syriacum; mais ce qui fait sa particularité et sa différence, c'est l'ajout de pois chiche grillés finement moulus, de fruits secs, d'épices et de mélasse de grenade.

Ingrédients

2 tasses **FEUILLES D'ORIGAN SÉCHÉES TRÈS FINEMENT MOULUES**

1/2 tasse **SUMAC MOULU**

1 tasse **SÉSAME TORRÉFIÉ**

1 tasse **POIS CHICHES GRILLÉS MOULUS EN POUDRE**

2 c. à soupe **GRAINES DE CORIANDRE SÈCHE TORRÉFIÉES**

2 c. à soupe **GRAINES DE FENOUIL TORRÉFIÉES**

2 c. à soupe **GRAINES DE CUMIN TORRÉFIÉES**

1 tasse **PISTACHES ÉCALÉES TORRÉFIÉES ET RÉDUITES EN POUDRE**

1 c. à soupe **SEL MARIN FIN**

2 c. à soupe **MÉLASSE DE GRENADE**

1 c. à soupe **GRAINES D'ANIS TORRÉFIÉES ET MOULUES**

1 tasse **PISTACHES ÉCALÉES TORRÉFIÉES EN LAMELLES**

Préparation

I. Dans un grand bol rassemblez tous les ingrédients secs sauf les lamelles de pistaches.

2. Rajoutez la mélasse de Grenade et remuez intimement. Faites attention à bien remuer pour qu'il n'y ait pas de grumeaux dans le mélange.

3. Laissez reposer deux heures puis rajoutez les lamelles de pistaches.

4. Répartissez le mélange dans des bocaux et conservez à l'abri de la chaleur.

5. Mélangez à une bonne huile d'olive avant de déguster.

Zaatar Palestinien ou Jordanien

Pour 500 G de Zaatar

Il ressemble de loin au Zaatar libanais mais la proportion d'origan et de sésame torréfié est d'une part plus importante et d'autre part, à la recette de base libanaise, sont rajoutées des graines de nigelle et de l'huile d'olive. La menthe séchée peut également s'y retrouver quelques fois mais c'est surtout la concentration plus élevée d'origan qui lui donne sa couleur vert intense.

Ingrédients

250 G **FEUILLES D'ORIGAN SÉCHÉES FINEMENT MOULUES**

250 G **SÉSAME TORRÉFIÉ**

30 G **SUMAC MOULU**

30 ML **HUILE D'OLIVE**

2 c. à soupe **SEL**

1 c. à soupe **MENTHE SÉCHÉE MOULUE EN POUDRE**

1 c. à soupe **GRAINES DE NIGELLE**

Préparation

1. Déposez tous les ingrédients secs dans un grand bol.

2. Rajoutez l'huile d'olive.

3. Mélangez bien le tout jusqu'à ce que toute l'huile d'olive soit absorbée.

4. Laissez reposer, répartissez dans des bocaux. Conservez à l'abri de la lumière.

Zaatar l'enchanteur

quelques recettes bonheur

La Sauce Zaatar multifonctions

Pour 6 à 8 personnes

Utilisée en accompagnement de viandes ou de grillades diverses, elle peut être également consommée à l'apéritif avec du pain grillé ou des légumes crus en bâtonnets.
Très simple à préparer, elle apportera une touche unique à vos plats avec la saveur caractéristique tonique et légèrement citronnée du zaatar.

Ingrédients

1 tasse **YAOURT GREC**
2 c. à soupe **MÉLANGE ZAATAR VERT TRADITIONNEL**
2 c. à soupe **HUILE D'OLIVE**
1 c. à soupe **JUS DE CITRON**
1 **GOUSSE D'AIL DÉGERMÉE ÉMINCÉE**
1/2 c. à café **POIVRE DOUX DE JAMAÏQUE**
1/2 c. à café **SEL FIN MAIS VOUS POUVEZ EN RAJOUTER SUIVANT VOTRE GOÛT**

Préparation

1. Mélangez dans un bol le yaourt grec, le zaatar, l'huile d'olive, le jus de citron, et l'ail émincé.

2. Assaisonnez avec du sel et du poivre selon votre goût.

3. Réfrigérez la sauce pendant une heure avant de l'utiliser.

Vous pouvez ajouter des herbes fraîches hachées : de la coriandre ou du persil frais.

Ou pour une sauce plus épicée : Incorporez une pincée de piment d'Alep ou de paprika.

Man'ouché au Zaatar

Aux quatre coins du Liban, partout dans les rues de Beyrouth, l'odeur du Zaatar vous guidera vers des petites échoppes enrobées des effluves de cette galette de pain épais tartinée d'huile d'olive et de Zaatar.
Petit déjeuner traditionnel au Liban, vous pourrez la déguster à toute heure de la journée. Elle est encore meilleure lorsqu'elle est faite maison.

Ingrédients

200 G **FARINE BIO T45 OU 55**
1 c. à café **LEVURE DE BOULANGER DÉSHYDRATÉE**
1 c. à café **SEL MARIN**
1 pincée **SUCRE**
100 ML **D'EAU**
1 c. à café **HUILE D"OLIVE**

Préparation

1. Diluez la levure de boulanger dans l'eau avec une pincée de sucre pendant 10 minutes.
2. Mettez la farine et le sel dans un bol, mélangez bien et ajoutez l'eau avec la levure, pétrissez jusqu'à formation d'une boule.
3. Mettez la boule sur le plan de travail et pétrissez 5 minutes. Huilez la boule obtenue et couvrez d'un film alimentaire, laissez lever 1 heure au moins.
4. Pétrissez à nouveau rapidement pour chasser les bulles d'air puis divisez la pâte en 4 et étalez-la avec un rouleau à pâtisserie.
5. Étalez le mélange zaatar huile d'olive et faites cuire au four préchauffé à 180°C en étalant sur le pain le mélange huile d'olive Zaatar pendant 5 minutes.
Vous verrez c'est délicieux et totalement addictif !

Pain toasté labneh et Zaatar

Pour 6 à 8 personnes

Pain de campagne, pain de mie ou pain Pita ; tous les pains se prêtent à cette gourmandise minute aussi simple à préparer que rapide à déguster.

Ingrédients

250 G **LABNEH (OU YAOURT GREC ÉPAIS)**
100 G **MÉLANGE DE ZAATAR VERT**
50 ML **HUILE D'OLIVE**
QUELQUES FEUILLES DE MENTHE OU DE PERSIL FRAIS (FACULTATIF)
OLIVES (FACULTATIF)
PAIN DE CAMPAGNE TRANCHÉ ET TOASTÉ OU PAIN PITA GRILLÉ

Préparation

1. Faites griller les tranches de pain jusqu'à ce qu'elles soient légèrement croustillantes.
2. Étalez sur chaque tranche de pain, une généreuse couche de labneh.
3. Saupoudrez de zaatar.
4. Arrosez d'un filet d'huile d'olive et décorez de quelques feuilles de menthe ou de persil frais et de quelques olives dénoyautées.

Crackers au Zaatar

Pour 6 à 8 personnes

Délicieux tels quels, parfaits pour accompagner des hoummos, labneh et faire twister un guacamole.

Ingrédients

1 tasse **FARINE T55**
2 c. à soupe **ZAATAR VERT OU D'ALEP**
1/2 c. à café **SEL**
1/4 tasse **HUILE D'OLIVE**
1/4 tasse (ajuster au besoin) **EAU**
GRAINE DE SÉSAME OU NIGELLE POUR LA GARNITURE

Préparation

1. Préchauffez votre four à 180°C (350°F). Préparez une plaque de cuisson en la recouvrant de papier sulfurisé.
2. Dans un grand bol, mélangez la farine, le zaatar, et le sel.
3. Versez l'huile d'olive et mélangez jusqu'à ce que la texture globale devienne sablonneuse.
4. Ajoutez progressivement l'eau en continuant à mélanger doucement.
La pâte doit être souple, mais pas collante. Si elle est trop sèche, ajoutez un peu plus d'eau, une cuillère à soupe à la fois.
5. Sur une surface légèrement farinée, abaissez la pâte en une couche d'environ 2-3 mm d'épaisseur. Plus la pâte est fine, plus les crackers seront croustillants.
6. Utilisez un couteau ou une roulette à pizza pour découper la pâte en carrés ou en rectangles
7. Saupoudrez les crackers de graines de sésame ou de nigelle avant la cuisson pour ajoutez un peu de croquant et de saveur.
8. Disposez les crackers sur une plaque de cuisson, en veillant à les espacer.
9. Faites cuire au four à 180°C pendant 12 à 15 minutes, ou jusqu'à ce qu'ils soient dorés et croustillants.
10. Laissez les crackers refroidir complètement sur une grille avant de les déguster.

Ils se conservent bien dans une boîte hermétique pendant plusieurs semaines.

Granola au Zaatar

Pour 6 à 8 personnes

Juste saupoudré sur vos salades il leur donnera de l'esprit, du croustillant et de la saveur. À tout moment de la journée il constituera une collation savoureuse.

Ingrédients

2 tasses **FLOCONS D'AVOINE**

50 G **MÉLANGE DE GRAINES : TOURNESOL, SÉSAME, LIN, OU GRAINES DE COURGE**

50 G **NOIX OU NOISETTES GROSSIÈREMENT HACHÉES**

3 c. à soupe **MÉLANGE ZAATAR**

1/2 c. à café **MENTHE SÉCHÉE MOULUE EN POUDRE**

25 ML **HUILE D'OLIVE**

25 ML **SIROP D'ÉRABLE**

50 G **RAISINS SECS, ABRICOTS SECS OU DATTES COUPÉES EN DÉS**

Préparation

1. Préchauffez votre four à 160°C (320°F). Tapissez une plaque de cuisson de papier sulfurisé.

2. Dans un grand bol, mélangez les flocons d'avoine, les graines, les noix, le zaatar, et le sel.

3. Dans un petit bol, mélangez l'huile d'olive et le sirop d'érable. Versez ce mélange sur les ingrédients secs. Mélangez bien pour que tous les ingrédients soient enrobés uniformément.

4. Étalez le mélange sur la plaque de cuisson en une couche uniforme. Faites cuire au four pendant 25 à 30 minutes, en remuant à mi-cuisson pour que le granola dore uniformément.

5. Rajoutez raisins secs et autres fruits secs après la cuisson, une fois le granola refroidi.

6. Laissez le granola refroidir complètement sur la plaque avant de le transférer dans un récipient hermétique. Il se conservera jusqu'à deux semaines.

Servez avec du fromage blanc ou un yaourt nature.

Salade au Zaatar et Pois Chiches

Pour 6 à 8 personnes

Idéale en accompagnement d'une grillade, elle peut constituer un plat complet, simple et équilibré.

Ingrédients

1 boîte de 500 G **POIS CHICHES (ÉGOUTTÉS ET RINCÉS)**
1 **CONCOMBRE COUPÉ EN DÉS**
1 **POIVRON ROUGE COUPÉ EN DÉS**
1 **OIGNON ROUGE ÉMINCÉ**
2 c. à soupe **MÉLANGE ZAATAR**
3 c. à soupe **HUILE D'OLIVE**
2 c. à soupe **JUS DE CITRON**
SEL ET POIVRE AU GOÛT
PERSIL FRAIS HACHÉ POUR GARNIR

Préparation

1. Dans un grand bol, mélangez les pois chiches, le concombre, le poivron et l'oignon.
2. Dans un petit bol, fouettez ensemble le zaatar, l'huile d'olive, le jus de citron, le sel et le poivre.
3. Versez la vinaigrette sur la salade et mélangez bien.
4. Garnissez de persil frais avant de servir.

Pommes de terre au Zaatar

Pour 6 à 8 personnes

Irrésistibles tout simplement. Idéales pour accompagner une volaille.

Ingrédients

500 G **POMMES DE TERRE**
(PELÉES ET COUPÉES EN CUBES)
3 c. à soupe **MÉLANGE ZAATAR**
3 c. à soupe **HUILE D'OLIVE**
SEL ET POIVRE AU GOÛT

Préparation

1. Préchauffez votre four à 220°C.

2. Mélangez les pommes de terre avec l'huile d'olive, le zaatar, le sel, et le poivre dans un grand bol.

3. Étalez les pommes de terre sur une plaque de cuisson.

4. Enfournez pendant 25 à 30 minutes, en remuant à mi-cuisson, jusqu'à ce que les pommes de terre soient dorées et croustillantes.

Chou-fleur au Zaatar

Pour 6 à 8 personnes

Spectaculaire à présenter il est toujours très apprécié en entrée.

Ingrédients

1 **CHOU-FLEUR DE TAILLE MOYENNE**

2 c. à soupe **ZAATAR ALEP**

5 c. à soupe **HUILE D'OLIVE**

LE JUS FILTRÉ D'UN CITRON DE TAILLE MOYENNE

5 c. à soupe **TAHINI (CRÈME DE SÉSAME)**

2 c. à café **SEL FIN**

1 c. à café **POIVRE DE JAMAÏQUE**

1 **GOUSSE D'AIL DÉGERMÉE ET PILLÉE**

1 **POIGNÉE DE FEUILLES DE CORIANDRE**

50 G **GRAINES DE GRENADE**

Préparation

1. Faites blanchir le chou-fleur 5 minutes dans de l'eau salée. Retirez-le et posez-le sur un plat à four.

2. Préchauffez le four à 180°C.

3. Mélangez dans un bol l'huile d'olive avec le Zaatar, 1 c. à café de sel et le poivre de Jamaïque Badigeonnez généreusement le chou-fleur et mettez-le au four pendant 10 minutes puis mettez-le 3 minutes sous le grill.

4. Préparez la sauce d'accompagnement en mélangeant au Tahini, l'ail pillé, le jus de citron et une cuillère à café de sel fin. Allongez d'un peu d'eau si la sauce est épaisse.

5. Recouvrez le chou-fleur grillé de cette sauce.

6. Décorez la surface avec une pincée de Zaatar d'Alep, des grimées de grenade et quelques feuilles de coriandre.

Dégustez tiède.

Hoummos au Zaatar

Pour 6 à 8 personnes

La "touch" herbacée et acidulée réveille avec élégance cet incontournable pilier de la cuisine levantine.

Ingrédients

1 boîte de 500G **POIS CHICHES (ÉGOUTTÉS ET RINCÉS)**

125 ML **TAHINI (CRÈME DE SÉSAME)**

2 c. à soupe **JUS DE CITRON**

2 **GOUSSES D'AIL ÉMINCÉES**

75 ML **EAU**

2 c. à soupe **MÉLANGE ZAATAR VERT TRADITIONNEL**

3 c. à soupe **HUILE D'OLIVE**

SEL AU GOÛT

Préparation

1. Dans un mixeur, combinez les pois chiches, le tahini, le jus de citron, l'ail, et l'eau. Mixez jusqu'à obtenir une consistance lisse.

2. Ajoutez le zaatar et mixez brièvement pour incorporer.

3. Transférez le houmous dans un bol, faites un puits au centre, et versez l'huile d'olive.

4. Rajoutez une pincée de Zaatar vert pour décorer

Servez avec du pain pita ou des légumes frais.

Légumes grillés au Zaatar

Pour 6 à 8 personnes

De simples légumes de saison prennent immédiatement de l'allure avec un laquage au Zaatar.

Ingrédients

1 **AUBERGINE DÉCOUPÉE EN LONGUEUR, EN TRANCHES DE 2CM D'ÉPAISSEUR**
2 **COURGETTES DÉCOUPÉES ET TRANCHÉES PAREIL**
2 **CAROTTES TRANCHÉES EN LONGUEUR**
1 **OIGNON ROUGE, COUPÉ EN QUARTIERS**
3 c. à soupe **MÉLANGE ZAATAR**
3 c. à soupe **HUILE D"OLIVE**
SEL ET POIVRE AU GOÛT

Préparation

1. Préchauffez le four à 220°C.
2. Mélangez toutes les tranches de légumes avec l'huile d'olive, le zaatar, le sel, et le poivre.
3. Étalez les légumes sur une plaque de cuisson.
4. Faites rôtir au four pendant 25 minutes, puis 5 minutes de plus sous le grill jusqu'à ce que les légumes soient tendres et légèrement dorés.
5. Saupoudrez d'une cuillère de Zaatar et d'un filet d'huile d'olive et présentez.

Salade grecque « Tzatzíki »
au yaourt, concombres et Zaatar

En accompagnement d'un Kebbeh en toutes saisons, le Zaatar rajoute à ce classique, un brin d'originalité et en rehausse joliment le goût.

Ingrédients

1 **CONCOMBRE DÉCOUPÉ EN PETITS DÉS**

200 G **YAOURT GREC ÉPAIS**

2 **GOUSSES D'AIL ÉMINCÉES**

1 c. à soupe **ZAATAR VERT**

2 c. à soupe **HUILE D'OLIVE**

1 **PETIT BOUQUET DE MENTHE FRAÎCHE**

SEL FIN AU GOÛT

Préparation

1. Mélangez délicatement le concombre, le yaourt, l'ail, le zaatar, l'huile d'olive et le sel dans un bol.

2. Rajoutez quelques feuilles de menthe émincées.

3. Décorez de feuilles de menthe puis réfrigérez pendant 30 minutes avant de servir bien frais.

Oeufs pochés et tartines au Zaatar

Pour 6 à 8 personnes

Merveille des petits déjeuners et des brunchs toute l'année.

Ingrédients

4 **OEUFS MOYENS**

1 L **EAU**

2 c. à soupe **VINAIGRE BLANC**

4 **TRANCHES DE PAIN GRILLÉ OU DE MUFFINS ANGLAIS**

2 c. à soupe **ZAATAR**

2 c. à soupe **HUILE D'OLIVE**

SEL AU GOÛT

Préparation

1. Faites bouillir de l'eau avec le vinaigre dans une grande casserole.

2. Cassez les œufs un par un dans un petit bol, puis faites-les glisser doucement dans l'eau bouillante.

3. Faites cuire les œufs pendant 3-4 minutes pour garder les jaunes légèrement coulants.

4. Retirez les œufs avec une écumoire et placez-les sur du papier absorbant.

5. Badigeonnez les tranches de pain avec l'huile d'olive et saupoudrez de zaatar.

6. Réchauffez le pain au four à 180°C pendant quelques minutes.

7. Disposez les œufs pochés sur le pain, rajoutez un soupçon de Zaatar pour décorer et présentez.

Salade de betteraves, pourpier et feta au Zaatar

Les couleurs du Zaatar et du pourpier se font joliment écho. Avec le feta saupoudré de Zaatar, c'est un ravissement assuré du regard et des papilles.

Ingrédients

2 **BETTERAVE CUITES DE TAILLE MOYENNE**
2 **BEAUX BOUQUETS DE POURPIER (BAKLEH AU LEVANT)**
200 G **FROMAGE FETA**
3 c. à soupe **ZAATAR VERT OU ROUGE (ENCORE MEILLEUR!)**
3 c. à soupe **HUILE D'OLIVE**

Préparation

1. Découpez les betteraves en petits dés.
2. Lavez et effeuillez bien le pourpier. Déposez les feuilles sur du papier absorbant.
3. Coupez le fromage feta en petits cubes et disposez-les dans un plat creux.
4. Mélangez le zaatar avec l'huile d'olive et versez sur le fromage.
5. Dans un grand bol, mettez les feuilles de pourpier, rajoutez les betteraves puis les dés de fromage assaisonnés.
6. Saupoudrez d'un peu de Zaatar, rajoutez un filet d'huile d'olive et présentez.

Poissons et Zaatar

vont si bien ensemble!

Brochettes de poisson au Zaatar

Pour 6 à 8 personnes

Simples et savoureuses, elles vous ramèneront l'été en une bouchée.

Ingrédients

500 G **FILET DE POISSON COUPÉS EN CUBE (CABILLAUD, LIEU OU SAUMON)**

3 c. à soupe **ZAATAR VERT**

3 c. à soupe **HUILE D'OLIVE**

2 c. à soupe **JUS DE CITRON**

SEL ET POIVRE AU GOÛT

12 **BROCHETTES EN BOIS (PRÉALABLEMENT TREMPÉES DANS L'EAU)**

Préparation

1. Déposez les cubes de poisson dans un grand bol. Mélangez intimement l'huile d'olive, le zaatar, le jus de citron, le sel et le poivre.

2. Versez le mélange sur le poisson et mélangez bien pour les enrober.

3. Enfilez les cubes de poisson sur les brochettes.

4. Vous pouvez les cuire au barbecue ou au four déposées dans un plat, four à 210°C (thermostat 7), en faisant cuire sous le grill pendant 10 minutes et en pensant à retourner les brochettes à mi-cuisson.

Servez avec une salade verte et un riz pilaf.

Poisson en croûte de Zaatar

Pour 6 à 8 personnes

Ingrédients

4 **FILETS DE POISSON (CABILLAUD, LOUP DE MER OU SAUMON)**

3 c. à soupe **ZAATAR**

1/2 tasse **CHAPELURE**

3 c. à soupe **HUILE D'OLIVE**

1 c. à soupe **JUS DE CITRON**

SEL ET POIVRE AU GOÛT

Préparation

1. Préchauffez votre four à 210 °C (therm.7).
2. Mélangez la chapelure avec le zaatar, l'huile d'olive et le jus de citron dans un bol.
3. Assaisonnez les filets de poisson avec du sel et du poivre.
4. Disposez les filets sur une plaque de cuisson recouverte de papier sulfurisé.
5. Répartissez le mélange de chapelure et zaatar sur les filets, en appuyant légèrement sur la chair du poisson pour bien faire adhérer.
6. Faites cuire au four pendant 15 minutes puis sous le grill pendant 5 minutes jusqu'à ce que la croûte soit dorée.

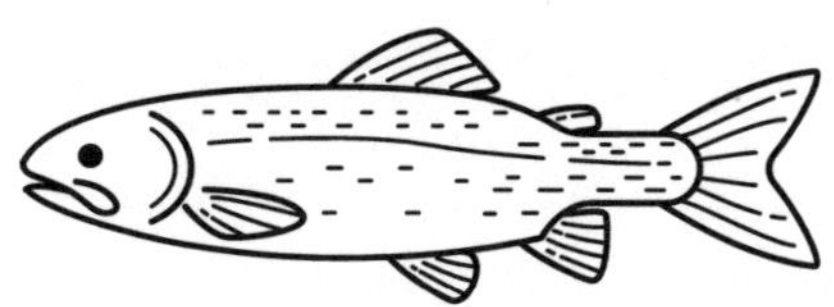

Volaille et Zaatar

un pas de deux toujours réussi

# Poulet fermier rôti au Zaatar

Pour 6 à 8 personnes

Classique des repas du dimanche, le poulet rôti prend de l'esprit revêtu de quelques cuillères de Zaatar bien dosées.

Ingrédients

1 **POULET ENTIER (ENVIRON 1,5 KG)**
3 c. à soupe **ZAATAR D'ALEP**
3 c. à soupe **HUILE D'OLIVE**
2 c. à soupe **JUS DE CITRON**
2 c. à soupe **SEL**
4 **GOUSSES D'AIL ÉMINCÉS**
1 c. à café **POIVRE DOUX SAHAWAK OU POIVRE DE JAMAÏQUE**
SEL AU GOÛT

Préparation

1. Préchauffez votre four à 210°C (therm. 7).
2. Mélangez le zaatar, l'huile d'olive, le jus de citron, l'ail, le sel, et le poivre dans un bol.
3. Badigeonnez le poulet avec ce mélange, en veillant à bien l'enrober en massant la chair des deux mains.
4. Placez le poulet dans un plat de cuisson et enfournez pendant une heure, jusqu'à ce que la peau soit dorée.
5. Baissez le four à 75°C et terminez la cuisson plus lentement. Éteignez et laissez les chairs reposer.
6. Servez avec des pommes de terre au Zaatar (page 19).

Viande
et Zaatar

parlez-moi d'amour

Filet de veau au Zaatar

Le Zaatar se marie à merveille avec diverses variété de viandes.
J'ai choisi de vous présenter le veau parce que sa tendreté épouse à merveille les saveurs du Zaatar avec, à l'arrivée, un mélange de saveurs délicates et originales.

Ingrédients

600 G **FILET DE VEAU**

2 c. à soupe **ZAATAR VERT**

4 c. à soupe **HUILE D'OLIVE (DONT 1 POUR LA POÊLE)**

2 **GOUSSES D'AIL DÉGERMÉES ET FINEMENT HACHÉES**

JUS FILTRÉ D'UN CITRON

1 c. à café **SEL**

1 c. à café **POIVRE DOUX SAHAWAK OU POIVRE DE JAMAÏQUE**

Préparation

1. Préparez d'abord la marinade en mélangeant l'huile d'olive le jus de citron, l'ail émincé le sel et le poivre.

2. Enduisez le filet de veau de cette marinade, à deux mains, en veillant à bien l'enrober de tous les côtés.

3. Couvrez et gardez deux heures au réfrigérateur pour que la viande s'imprègne bien des saveurs.

4. Sortez le veau du réfrigérateur et laissez-le reposer à température ambiante pendant 15 minutes avant la cuisson.

5. Faites chauffer à feu doux une cuillère d'huile d'olive. Dans une poêle, saisissez le filet de veau pendant environ 3 à 4 minutes, en veillant bien à le retourner des deux côtés jusqu'à obtenir une belle coloration dorée.

6. Terminez la cuisson du filet de veau dans un four préchauffé à 180°C pendant 15 minutes, éteignez le four et laissez reposer le filet de veau quelques minutes avant de le présenter.

Des carottes ou des pommes de terre en accompagnement seront les bienvenues,ainsi qu'une salade verte assaisonnée d'une bonne sauce citron huile d'olive et d'un soupçon de Zaatar.

Desserts au Zaatar

une association savoureuse

Crêpes au Zaatar et Miel

Pour 6 à 8 personnes

Un régal simple assuré.

Ingrédients

250 G **FARINE DE BLÉ FINE**

2 **OEUFS**

500 ML **LAIT**

2 c. à soupe **SUCRE**

1 c. à soupe **ZAATAR**

50 G **BEURRE FONDU**

MIEL POUR SERVIR

Préparation

1. Dans un grand bol, mélangez la farine, le sucre et le zaatar.

2. Faites un puits au centre et ajoutez les œufs. Commencez à mélanger en ajoutant progressivement le lait jusqu'à obtenir une pâte lisse.

3. Incorporez le beurre fondu à la pâte.

4. Faites chauffer une poêle anti-adhésive à feu moyen et versez-y une petite quantité de pâte pour former une crêpe.

5. Faites cuire chaque crêpe jusqu'à ce que des bulles se forment à la surface, puis retournez-la et faites cuire encore 1 à 2 minutes.

Servez les crêpes chaudes, nappées de miel.

Cookies au Zaatar et Chocolat

Pour 6 à 8 personnes

Irrésistibles !

Ingrédients

150 G **BEURRE À TEMPÉRATURE AMBIANTE**

100 G **SUCRE**

100 G **CASSONADE**

1 **OEUF**

1 c. à café **EXTRAIT DE VANILLE**

200 G **FARINE PÂTISSIÈRE DE BLÉ**

1 c. à café **BICARBONATE DE SOUDE**

1 c. à soupe **ZAATAR**

100 G **PÉPITE DE CHOCOLAT NOIR**

UNE PINCÉE DE SEL

Préparation

1. Préchauffez votre four à 180°C.

2. Dans un bol, crémez le beurre avec le sucre et la cassonade jusqu'à obtenir un mélange léger et mousseux.

3. Ajoutez l'œuf et l'extrait de vanille, puis mélangez bien.

4. Dans un autre bol, mélangez la farine, le bicarbonate de soude, le zaatar et le sel.

5. Incorporez les ingrédients secs au mélange crémeux en deux fois, puis ajoutez les pépites de chocolat.

6. Déposez des cuillerées de pâte sur une plaque de cuisson recouverte de papier sulfurisé.

7. Faites cuire pendant 10-12 minutes, ou jusqu'à ce que les bords soient légèrement dorés.

8. Laissez refroidir sur une grille.

Conservez dans une boîte hermétique.

Tarte Express au Citron et Zaatar

Pour 6 à 8 personnes

Une découverte qui a conquis tous mes amis goûteurs gourmands.

Ingrédients

POUR LA PÂTE :
200 G **BISCUITS SABLÉS (TYPE DIGESTIVE)**
100 G **BEURRE FONDU**

POUR LA GARNITURE :
4 **OEUFS**
400 G **LAIT CONCENTRÉ SUCRÉ**
150 ML **JUS DE CITRON**
2 c. à café **ZESTE DE CITRON**
1 c. à café **ZAATAR VERT**

Préparation

1. Préchauffez votre four à 180°C.
2. Dans le bol d'un mixeur, déposez les biscuits et mélangez-les intimement avec le beurre fondu.
3. Pressez le mélange dans le fond d'un moule à tarte pour former le fond de la tarte.
4. Faites cuire à four chaud pendant 10 minutes.
5. Sortez du four et laissez refroidir.
6. Dans un bol, fouettez les œufs avec le lait concentré, le jus de citron, le zeste de citron et le zaatar jusqu'à obtenir un mélange homogène.
7. Versez la garniture sur le fond de tarte refroidi.
8. Remettez au four pendant 15-20 minutes, jusqu'à ce que la garniture prenne.
9. Laissez refroidir avant de servir.

Crème Brûlée au Zaatar

Pour 6 à 8 personnes

Velours et Volupté.

Ingrédients

500 ML **CRÈME ÉPAISSE**

5 **JAUNES D'OEUFS**

100 G **SUCRE**

1 c. à soupe **ZAATAR VERT LIBANAIS**

1 c. à café **EXTRAIT DE VANILLE**

2 c. à soupe **SUCRE BRUN POUR CARAMÉLISER LA SURFACE**

Préparation

1. Préchauffez votre four à 150°C.

2. Dans une casserole, chauffez la crème à feu moyen jusqu'à ce qu'elle commence à frémir. Coupez le feu pour empêcher l'ébullition.

3. Ajoutez le zaatar à la crème chaude et laissez infuser pendant 15 minutes.

4. Filtrez la crème pour la débarrasser des graines de Zaatar.

5. Dans un bol, fouettez les jaunes d'œufs avec le sucre jusqu'à ce que le mélange soit léger et mousseux. Ajoutez l'extrait de vanille.

6. Versez lentement la crème chaude filtrée sur le mélange d'œufs tout en fouettant pour tempérer les œufs.

7. Répartissez le mélange dans des ramequins allant au four.

8. Placez les ramequins dans un plat à four profond. Versez de l'eau chaude dans le plat jusqu'à mi-hauteur des ramequins pour faire une cuisson au bain-marie.

9. Faites cuire pendant environ 35-40 minutes, jusqu'à ce que les crèmes prennent, mais en gardant un léger tremblement au centre.

10. Laissez les crèmes brûlées refroidir à température ambiante, puis réfrigérez-les pendant au moins 2 heures.

11. Avant de servir, saupoudrez d'une fine couche de sucre brun sur le dessus et caramélisez à l'aide d'un chalumeau ou sous le gril du four pendant quelques minutes.

Gâteau à l'Huile d'Olive et au Zaatar

Pour 6 à 8 personnes

Devenu un classique de nos goûters, il fait les délices des petits et des grands.

Ingrédients

200 G **FARINE DE BLÉ T45**

150 G **SUCRE SEMOULE BLANC**

100 ML **HUILE D'OLIVE EXTRA VIERGE**

3 **OEUFS**

100 ML **LAIT**

1 c. à soupe **ZAATAR VERT**

1 c. à café **LEVURE CHIMIQUE**

1/2 c. à café **BICARBONATE DE SOUDE**

1 **PINCÉE DE SEL**

1 c. à café **ZESTE DE CITRON**

POUR LA GLAÇAGE :

2 c. à soupe **ZAATAR VERT**

2 c. à soupe **SUCRE GLACE**

1 c. à soupe **HUILE D'OLIVE**

Préparation

1. Préchauffez votre four à 180°C (350°F).

2. Beurrez et farinez un moule à gâteau ou tapissez-le de papier sulfurisé.

3. Dans un bol, tamisez ensemble la farine, la levure chimique, le bicarbonate de soude, le sel et le zaatar.

4. Dans un deuxième bol, fouettez les œufs avec le sucre semoule blanc jusqu'à ce que le mélange soit léger et mousseux.

5. Incorporez ensuite l'huile d'olive et le lait.

6. Ajoutez les ingrédients secs en plusieurs fois, en mélangeant jusqu'à obtenir une pâte homogène.Ajoutez enfin le zeste de citron.

7. Versez la pâte dans le moule préparé et lissez le dessus.

8. Faites cuire au four pendant environ 35 minutes.

9. Mélangez le zaatar avec le sucre glace et l'huile d'olive. Badigeonnez le dessus du gâteau encore chaud avec ce mélange pour une touche supplémentaire de saveur.

10. Laissez le gâteau refroidir complètement avant de le démouler.

Servez tiède ou à température ambiante.

Gâteau au Chocolat et Zaatar

Pour 6 à 8 personnes

Spectaculaire, recouvert d'un glaçage au Zaatar, il est devenu un incontournable des gâteaux d'anniversaires.

Ingrédients

POUR LA GÂTEAU :
200 G **CHOCOLAT NOIR (70% CACAO)**
150 G **BEURRE**
200 G **SUCRE**
4 **OEUFS**
100 G **FARINE**
50 G **CACAO EN POUDRE NON SUCRÉ**
1 c. à soupe **ZAATAR VERT**
1 c. à café **LEVURE CHIMIQUE**
1 **PINCÉE DE SEL**

POUR LE GLAÇAGE :
100 G **CHOCOLAT NOIR**
50 G **CRÈME FRAÎCHE**
1 c. à soupe **ZAATAR VERT**

Préparation

1. Préchauffez votre four à 180°C (therm. 6).
2. Beurrez et farinez un moule à gâteau ou tapissez-le de papier sulfurisé.
3. Faites fondre le chocolat et beurrez-le au bain-marie ou au micro-ondes en mélangeant jusqu'à ce que le mélange soit lisse.
4. Dans un grand bol, fouettez les œufs avec le sucre jusqu'à ce que le mélange soit léger et mousseux.
5. Incorporez le mélange de chocolat fondu.
6. Tamisez la farine et rajoutez-lui le cacao en poudre, la levure chimique et le sel. Incorporez ces ingrédients secs au mélange beurre chocolat fondu.
7. Ajoutez le zaatar.

8. Versez la pâte dans le moule préparé.
9. Faites cuire au four pendant 30 minutes.
10. Laissez le gâteau refroidir complètement avant de le démouler.

Préparer le glaçage :
11. Faites fondre le chocolat et la crème fraîche ensemble au bain-marie en mélangeant jusqu'à obtenir un mélange lisse.
12. Ajoutez le zaatar et mélangez bien.
13. Versez lentement le glaçage sur le gâteau refroidi en unifiant la surface à la spatule.

Glace Miel, Pignons et Zaatar

Pour 6 à 8 personnes

Délicieuse fusion de saveurs sucrées, salées et herbacées avec une pointe d'acidité.

Ingrédients

- 2 tasses **CRÈME LIQUIDE ENTIÈRE**
- 1 tasse **LAIT ENTIER**
- 1/2 tasse **MIEL DE CHÂTAIGNIER OU TOUTES FLEURS**
- 1/4 tasse **SUCRE**
- 4 **JAUNES D'OEUFS**
- 25 G **PIGNONS DE PIN**
- 1 c. à soupe **ZAATAR VERT**
- 1 **PINCÉE DE SEL**

Préparation

1. Dans une poêle sèche, faites revenir à feu moyen les pignons de pin jusqu'à ce qu'ils soient dorés et parfumés. Retirez du feu et laissez-les refroidir.

2. Dans une casserole, mélangez la crème, le lait, le miel, le sucre et le zaatar. Faites chauffer à feu moyen jusqu'à ce que le mélange commence à frémir, sans amener à ébullition.

3. Retirez du feu et laissez infuser pendant 15 à 20 minutes pour permettre aux arômes du zaatar de se développer.

4. Dans un bol, fouettez bien les jaunes d'œufs jusqu'à ce qu'ils deviennent bien mousseux.

5. Réchauffez très légèrement le mélange crème-lait et versez lentement une louche dans les jaunes d'œufs tout en fouettant constamment. Reversez ensuite le tout dans une casserole.

6. Remettez la casserole sur feu moyen-doux et remuez constamment jusqu'à ce que la crème épaississe et nappe le dos d'une cuillère (environ 75-80°C). Ne laissez pas bouillir pour éviter que les œufs ne coagulent.

7. Passez la crème anglaise au tamis pour enlever les particules solides de zaatar. Laissez refroidir à température ambiante, puis couvrez et réfrigérez pendant au moins 4 heures.

8. Une fois la crème bien refroidie, versez-la dans une sorbetière et faites-la tourner selon les instructions de votre appareil. Quand la glace commence à prendre, ajoutez les pignons de pin grillés. Laissez la glace continuer à tourner jusqu'à ce qu'elle prenne bien.

9. Transférez la glace dans un récipient hermétique et placez-le au congélateur pendant au moins 2 heures avant de servir.

Servez la glace avec un filet de miel supplémentaire sur le dessus et une pincée de zaatar pour décorer. Accompagnez-la de biscuits ou de fruits frais pour un dessert complet.

Ganache au Zaatar

Pour 6 à 8 personnes

Attention ! Addiction assurée !

Ingrédients

200 G **CHOCOLAT NOIR À 70%**
200 ML **CRÈME LIQUIDE ENTIÈRE**
1 c. à soupe **ZAATAR**
1 c. à soupe **BEURRE**
1 c. à soupe **MIEL**

Préparation

1. Dans une petite casserole, faites chauffer la crème liquide à feu doux.
2. Ajoutez le zaatar et mélangez. Laissez sur feu doux pendant environ 5 minutes, en remuant de temps en temps et sans laisser bouillir.
3. Laissez infuser 1/2 heure.
4. Filtrez la crème pour retirer les petits grains de Zaatar. Mettre de côté.
5. Hachez le chocolat en petits morceaux et déposez-le dans la crème puis remettez sur feu très doux en remuant délicatement jusqu'à ce que le chocolat soit complètement fondu et que la ganache soit lisse et brillante.
6. Ajoutez le beurre en remuant vivement puis le miel; la ganache prend alors des reflets brillants.
7. Laissez-la refroidir complètement avant de l'utiliser pour accompagner crêpes ou gâteaux.

Telle quelle c'est déjà un bonheur !

Sahtein

صحتين*

* Bon appétit

Table des recettes

Texte : Noha Baz

Illustration de couverture: Florence Cointreau

Mise en page: Louay Daoust

Suivi éditorial : Hanane Moussa

ISBN : 978-2-3225-3280-3

© Noha Baz, 2024
Édition : BoD • Books on Demand GmbH, In de Tarpen 42,
22848 Norderstedt (Allemagne)
Impression : Libri Plureos GmbH, Friedensallee 273, 22763 Hamburg (Allemagne)
Dépôt légal : Octobre 2024